AF264139

# Notice Biographique

SUR

## M. C. Perrolle,

Docteur en Médecine, ex-Professeur d'Anatomié, de Phisiologie et de Clinique, à l'Université de Toulouse ; Correspondant des Académies royales de Médecine ou de Sciences de Paris, Montpellier, Toulouse, Marseille, Dijon ; ex-Conseiller-Médecin ordinaire du Roi, etc.

PAR

## J. M. d'Audibert-Caille,

Docteur en Médecine, Membre titulaire ou Correspondant des Sociétés de Médecine-Pratique ou de Sciences de Paris, Montpellier, Marseille, Dijon, Bordeaux et Besançon ; Médecin-Consultant de LL. AA. Mes.grs les Princes de Hesse ; Médecin du Gouvernement, pour les épidémies de l'Arrondissement de Grasse.

GRASSE,

IMPRIMERIE DE DUFORT AÎNÉ.

Juillet 1831.

[illegible]

[illegible]

[illegible]

[illegible]

[illegible]

# NOTICE BIOGRAPHIQUE



SUR

## M. E. PERROLLE.

Un Médecin vieilli dans les succès et blanchi par l'étude, termine à 80 ans, une carrière d'honneur; la mort qui le terrasse abbat l'espoir du grand nombre, en réveillant la gratitude de tous; des Magistrats consternés et des Citoyens en deuil confondent leurs regrets et leurs larmes. Lorsque cette catastrophe subite plonge dans la stupeur une population nombreuse, un Concitoyen nouveau peut prendre part à la douleur publique, en appréciant les causes qui l'alimentent : il peut dans sa nouvelle patrie, élever un monument au Médecin illustre qui a ennobli son pays. Il doit rappeler aux Académiciens qui survivent, les titres du savant qu'ils avaient appelé à partager leurs travaux et leur gloire. Ce devoir devient impérieux lorsqu'il se joint aux inspirations de la reconnaissance. (1)

---

. (1) Le 4 août 1829, je louai la maison de Monsieur Raibaud-l'Ange, à l'Oratoire, pour y établir mon épouse paralisée et ma fille souffrante. Je priai le docteur PERROLLE, de visiter ma famille pendant les absences que je pourrais faire. *De grand cœur, me dit-il, et la nuit même, ce que depuis vingt ans je ne fais pour personne.* D'où venait ce tendre intérêt ? d'un acte de justice de ma part : en 1825, j'avais dans mon journal médico-chirurgical du Var et des Alpes, parlé avec éloge du mémoire sur les vibrations.

La république des lettres connaît aussi des usurpations : la médecine a ses prestiges. Des guérisons inespérées, filles du hasard ou de l'audace, peuvent un instant fixer l'attention sur un novateur éloquent ou sur un expérimentateur hardi. La confiance éconduite par la présomption, ou égarée par la jactance, peut s'arrêter un instant sur des faits qui éblouissent. Mais ces faits ne sauraient être les bases d'une renommée ascendante devant laquelle viennent s'évanouir ou s'éteindre et les traits de l'envie qui s'irrite, et les artifices de la cupidité qui convoite, et les clameurs de la médiocrité qui controverse.

La réputation médicale du Praticien dont j'exquisse la biographie, reposait sur des actes notoires qui forceraient l'inimitié au silence, et mettraient la haine même au désespoir. Car une renommée qui commence au concours, qui se proroge par le professorat dans une métropole, et qui est confirmée par un suffrage universel après quarante ans de pratique, ne saurait être une captation, parmi des citoyens trop réfléchis pour être enthousiastes. Il est vrai qu'un naturel heureux et des chances fortuites concoururent à l'œuvre du talent. Le Praticien qui nous occupe était modeste sans timidité, décent sans recherches, et grave sans affectation ; car chez l'homme instruit la gravité ne saurait être un mystère du corps pour cacher les défauts de l'esprit. Aimable avec dignité, confiant avec retenue, il éclairait la confiance, mais ne la surprenait pas. Entouré de collègues vieillis dont il n'humiliait jamais le savoir, et de jeunes collègues avides de sciences, il sut avec autant de modération que de discernement animer les discussions sans les rendre trop vives, et modifier, sans les aigrir, les prétentions quelquefois exigeantes de la science classique. Quelle heureuse occurence ! un homme d'une supériorité reconnue ouvre le livre de l'art devant des praticiens exercés dont il n'excite pas l'orgueil ! Il montre le creuset épurateur à des artistes naissants qui écoutent la voix de l'expérience dans l'abnégation de tout amour-propre ! Tel fut le Docteur et Praticien Etienne PERROLLE.

Né à Grasse, en 1752, d'Honoré Perrolle et de Marianne Pugnaire, PERROLLE reçut avec une santé robuste un esprit juste et l'aptitude à méditer. La première éducation, celle de l'exemple, lui inspira cet amour de l'ordre et de l'économie qui est la pierre angulaire de la fortune matérielle ; et qui sous le rapport intellectuel et moral dispose l'esprit à la méthode, et le cœur à la probité. Ses premières études faites au collége de Grasse, n'eurent pas le brillant qui séduit et qui charme ; il n'était pas un de ces bijous d'école qui faisaient sourire Locke ou Jean-Jacques : mais ses premiers progrès eussent montré au Philosophe de Zurich une tendance bien prononcée vers l'exactitude mathématique. PERROLLE était né analyste. Notre jeune élève qui avait dévoré les dégoûts du vocabulaire et de la syntaxe, commençait à goûter l'harmonie, l'élégance ou la force de la phrase latine. Il fut confié au Curé d'Auribeau, M. Geoffroi, prêtre plus instruit que pédant, qui était vertueux sans intolérance et pieux sans bigotisme. C'est là que PERROLLE commençait à sentir la vigueur de Tacite, tout l'art de Cicéron, le nombre de Virgile et la mélodieuse harmonie du Poète de la raison. Il préférait Horace, comme Chaulieu chérissait Ovide, et comme Fouquet avait choisi Tibule et Properce. Son instinct de rapports harmoniques s'exprimait dans ses choix : il réglait tous les goûts ; qui ne sont que les perfections de l'instinct. PERROLLE n'atteignit point à la haute latinité, à travers cette marche pesante et lourde qui conduit de la 3.<sup>e</sup> à la 2.<sup>e</sup>, et de celle-ci à la rhétorique. Il avait étudié les tusculanes, et il raisonnait avec Sénèque, sans supposer qu'il fut rhétoricien. Heureux élève ! ton essor n'étant point comprimé, ta raison se développera et ton génie n'avortera pas sous les lenteurs et les dégoûts d'une dialectique arbitraire.. PERROLLE lisait les auteurs latins , et commençait à connaître sa langue. Il entrait dans le monde sous le bras de Lafontaine ; visitait les enfers avec Crébillon ; pleurait sur la terre avec Racine ; s'élevait jusqu'aux cieux avec Corneille. Voltaire l'accompagnait dans tous ces lieux. Notre élève connaissait les livres , et avait fait quelques pas dans la science des hommes : il lui restait à se connaître lui-même. La métaphysique s'offrait à ses yeux , et la philosophie allait fixer ses études. Le système de Régis fut le premier traité qui tomba dans ses mains ; dès le premier pas il trouve une barrière. Comment devenir logicien , si l'on ne connaît les organes , le principe , les matériaux et l'objet externe de la pensée ? Le voilà , non découragé , mais dans le sentier du vrai ; car celui qui analyse peut créer la science. Il ajourna donc la logique après la physique. PERROLLE commence à apprécier des formes , calculer des distances , distinguer des attributs. Quels sont , dit-il en lui même , les agents qui apprécient , calculent et distinguent ? ce sont les sens appliqués aux attributs des corps excitateurs. De qui les sens sont-ils les agents ? de l'ame, dit-on. Qu'est-ce que l'ame ? c'est mon MOI , appliqué à l'étude de la nature. Qu'est-ce que la nature ? c'est l'ensemble des faits, des lois, de toutes les conditions, qui peuvent être appreciées dans mon ame, à l'aide des sensations, des réflexions et des jugements. Qu'est-ce que la science ? c'est l'étude des rapports qui existent entre la nature extérieure et mon être pensant. Qu'el est l'auteur de la nature et de ce moi ! PERROLLE ne répond pas à cette question : mais il sent sa reponse ; et tout à la fois reconnaissant et admirateur, il devient moraliste à l'aide de l'analyse.

Dès que PERROLLE est parvenu à s'interposer entre la nature et son moi pensant, il a pu parcourir le grand monde et le petit ; alors Bacon et Locke sont devenus sca maîtres ; et il n'a pu errer dans les sentiers obscurs des idées innées. A l'instant s'écroule devant lui tout l'échaffaudage de l'ancienne scholastique : il croit entendre, les quiddités, les entités, les entéléchies, bisarre charpente du philosophisme trompeur, se briser, se heurter, se dissoudre pour n'être qu'un monceau de décombres. Tristes débris ! vous déposerez jusqu'au retour des temps barbares, contre toute doctrine qui n'aura pas pour base, l'observation graduée, successive, des faits et de leurs circonstances ; des organes et de leurs fonctions ; de l'ame et de ses relations avec l'organisme et la nature extérieure.

PERROLLE a franchi l'espace de l'adolescence, et touche à la virilité ; son génie a besoin d'aliment, l'étude va devenir son existence. Heureux encore celui, qui, au lieu de traverser avec délire le volcan des passions, va parcourir avec sagesse, poursuivre avec lenteur le sentier des sciences qui ne laissent jamais après elles l'accablement des satiétés ou l'inanité de l'épuisement.

Celui qui deviendra médecin par choix, l'est déjà par le naturel ; celui qui guérira les autres, commence à maitriser ce goût prématuré qui peuple nos cités, de vieillards de trente ans. Il sacrifie aux plaisirs soutenus de l'âge mur, les premiers désirs de la virilité naissante. PERROLLE va se consacrer à une profession ; il est avide de considération ; il a soif de respect public. Quel état choisira-t-il ? Se vouera-t-il au culte ? mais un peu physicien et familier avec l'idée d'un régulateur unique aux yeux de qui s'effacent les nuances de l'opinion, les limites des empires et les modifications du culte, pourrait-il substituer une spécialité à un principe universel. Newton est là pour l'encourager ; mais le redoutable ministère et son immense responsabilité l'épouvantent. Qui sait même si une douce et irrésistible impulsion vers un sexe enchanteur ne lui montre pas la continence comme une impossibilité, et la foi du serment comme un suicide. PERROLLE étudiera-t-il le droit pour relever l'opprimé, soutenir le faible et défendre l'innocent ? Ah ! ces fonctions presque divines l'attirent et l'entraînent. Mais le mathématicien, toujours conduit par de rigoureux principes, pourra-t-il s'habituer à la versatilité des institutions humaines ; aux sophismes du raisonneur qui pétrit la loi en dénaturant les faits ; à la souplesse du conseil qui n'est pas toujours une inspiration de la justice ; aux manœuvres de la chicane qui dépite le droit par la lenteur des formes, quand elle ne peut l'éteindre sous le texte des lois. Ainsi tout concourt pour faire de PERROLLE un disciple d'Hypocrate. Ses études premières, des notions philosophiques, ses mœurs, *son goût pour les idées exactes*, le fixent à la moderne cos. Si un jour PERROLLE, mathématicien ou analyste, n'adopte pas dans sa pratique toutes les données de l'école de Leyde ou les inductions de l'analysme nosographique, c'est que les cylindres vivants, les forces organiques et les fluides vitaux sont les éléments d'un acte spécial dont l'inertie ne renferme pas les conditions : c'est que des phénomènes absolument semblables sont pourtant l'expression de causes bien diverses, qu'il faut malgré l'identité des symptômes, attaquer par des moyens particuliers. Quels rapports d'indication, par exemple, un bon esprit peut-il trouver entre des convulsions produites par des vers, des saburres, une inflammation, un kiste, un corps étranger, une nevralgie, lorsque le vrai médecin doit attaquer chaque espèce de convulsions par un agent propre ? L'exactitude entraîne vers la médecine ; mais il y a pour chaque science un mode de raisonner, auquel on n'arrive qu'à l'aide d'une vocation déterminée ou de profondes études.

PERROLLE se rend à Montpellier ; il s'y distingue, se fait remarquer des grands maîtres de l'époque, et après le temps

classique passé dans de sérieuses études , il reçoit avec modestie et décence , la palme d'inauguration. Il avait soutenu
avec éclat , en mai 1776 , une dissertation latine sur les
fonctions et les maladies de l'épiderme, de la peau et de la
membranne adipeuse.

Le doctorat est souvent un jour de triomphe ; mais il est
quelquefois une époque de recueillement : il est toujours le
moment de la défiance et du doute. Plusieurs aspects se
présentent à PERROLLE ; il a une clientèle à faire , et des collègues à fréquenter : il aura des malades à guérir. Il n'a
pas besoin de se donner une gravité factice , de feindre des
mœurs et de simuler la dignité ; il n'a pour obtenir la confiance qu'à se livrer à lui-même et se montrer tel qu'il est
sorti des mains de la nature ou du moule de l'éducation.
Toute autre séduction est une atteinte au caractère médical ,
et une offense à la raison publique. Les relations de pratique se réduisent à une seule règle , c'est-à-dire au respect
de soi-même. De là découlent : la proposition d'une idée
avec doute ; la défense d'une opinion sans orgueil, l'adhé-
sion à la vérité sans murmure. Ici la voix de tous ceux
qui consultèrent avec PERROLLE est unanime. Il recueillit
pendant une longue carrière les fruits de son respect pour
les autres ; car il ne connut jamais l'envie et ses tourments,
l'artifice et ses complots , la jalousie et ses médisances. La
calomnie lui fit toujours horreur. La calomnie ! ah ! la
nature travaille un siècle pour produire le poison funeste
du mancénillier : la calomnie naît le matin ; le soir elle a
empoisonné la plus belle existence. Non , PERROLLE ne connut
ni la calomnie , ni les perfidies famicides.

PERROLLE aura des malades à guérir , et il choisit Toulouse
pour le théâtre de ses essais. Je dis essais ; car qu'ont pu
apprendre au jeune praticien , une froide description, un roman
physiologique , la pathologie parlée , et des remèdes écrits ?

Fut-il vrai qu'à cette époque il pût décider entre Villis et Vieussens sur la découverte de la protubérance annullaire ; qu'il eût pu confirmer les prétentions de Leuwenkooc, sur les globules du sang aujourd'hui mieux étudiées par Smichd ; où l'eussent conduit ces découvertes ? PERROLLE, docteur naissant, connait son insuffisance ; il avait donc le pressentiment de son avenir. Il se rend à Paris, en 1777, pour trouver dans le contact d'un grand homme, le secret de son aptitude. Il se lie avec le créateur nouveau de la raison des muets. Il fait devant l'Abbé de l'Épée, des expériences qui tendaient à prouver que la base de la langue, la région du masséter, l'espace compris entre la 4.<sup>e</sup> cervicale et le muscle trapèze, les sutures coronales, les pariétaux, tous les points enfin où se distribue la portion dure du nerf auditif ou de la 7.<sup>e</sup> paire, peuvent transmettre le son, sans l'action de la trompe d'eustache. Il varie, il modifie ces expériences chez 16 sourds qui sont mis à sa disposition par M.<sup>me</sup> Chevreau, leur directrice. Il tire de ces expériences aussi ingénieuses qu'exactes, cette brillante conséquence : qu'on peut apprendre à parler aux sourds-muets de naissance. Les érudits peuvent juger si PERROLLE a perfectionné la méthode expérimentale de *Castro*, médecin du Duc de Modene, qui avait modifié le procédé de *Rimiferius* et du docteur *Sach*. On pourrait trouver dans la lettre de PERROLLE insérée dans le journal de Paris, le 7 août 1778, qu'il a obtenu à Paris, et par l'expérimentation, les résultats que le raisonnement avait indiqués au savant vénitien *Louis Conventali*. Dire que Vicq d'Azir a répété les expériences de PERROLLE, c'est montrer combien le jeune auteur avait fixé les regards des savants de l'époque. Pour prendre date de ses expériences, il imprime à Paris, en 1782, et sous le privilège de l'académie des sciences de Montpellier, une dissertation anatomico-accoustique, où il démontre que toutes les parties que nous avons désignées ont la propriété de *propager le son par le toucher*. (2)

PERROLLE fixe enfin son domicile à Toulouse. Il se lie d'amitié avec l'arbes, Mazars, de Cazélles, Barthe, Rigaud, Dubois et Benet, professeurs et praticiens distingués de cette ville. C'est sous leurs yeux qu'il se livre encore aux vivisections, pour confirmer le résultat de ses premières expériences. Il obtient la certitude qu'en liant la portion dure du nerf, on paralyse l'audition. Or en soumettant au courant électrique, les expansions de ce nerf, on peut rétablir l'ouie obturée ou profondément atteinte.

Depuis son retour de Paris jusqu'en 1786, PERROLLE se livre dans sa résidence, à la médecine qu'il pratique avec des succès journaliers et croissants. Il donne à la physique tous les instants qu'il peut dérober à sa clientelle. Les actes de l'académie des sciences de Toulouse, le journal de physique de Paris contiennent des mémoires écrits de main de maître, et que les savants consultaient avec autant d'empressement que d'utilité. Les progrès que les sciences physiques ont faits de nos jours, par l'invention de nouveaux appareils ; l'immense amélioration que la chimie a obtenue des piles perfectionnées ; la traduction des romans physiologiques en langue expérimentale ; tous ces progrès croissants qui ca-

---

(2) Les Médecins qui voudront bien apprécier les découvertes de PERROLLE, trouveront dans *Manget* et *Carrère*, deux dissertations de Jean Conrad Amman, médecin suisse et praticien à Amsterdam : la 1.<sup>e</sup> intitulée *Surdus loquens siue methodus quâ surdus loqui possit* ; la 2.<sup>e</sup> intitulée, *Dissertatio de loquella quâ, qui ab incunabulis surdi et muti fuerunt*. Ces deux ouvrages imprimés à Amsterdam, en 1692, et à Hyde, en 1727, n'ont pu fournir que des données bien insuffisantes à PERROLLE. Le mérite de ses expériences né saurait être contesté.

ractérisent notre époque, nous dispensent d'analyser les mémoires précités dont PERROLLE a enrichi les répertoires scientifiques de son temps.

En 1786, une chaire de professeur fut vacante à Toulouse, le docteur M. de Sarabeyrouse en avait été pourvu par une faveur ministérielle. C'est ainsi qu'à Montpellier on avait disposé de la chaire de Grimaud, en faveur du *protégé* Dumas, parce qu'on avait donné celle de sabatier au *célèbre* Fouquet. Toulouse s'indigna, murmura ses plaintes, éclaira l'autorité, et la chaire fut mise au concours. PERROLLE s'inscrit, dispute et triomphe. Le 20 octobre 1787, il est décoré de l'épitoge. Il ne se borne pas a démontrer l'anatomie de l'organe; mais il diminue le froid ennui de la description, par la chaleur du jeu organique, par les oscillations du mouvement vital. C'est ainsi que notre professeur soutient l'attention par des expériences ; qu'il l'excite par des analogies ; qu'il la nourrit par des transisions habilement menagées. Probe, même en décrivant des organes, il n'enrichit jamais un observateur postérieur des travaux d'un prédécesseur modeste. C'est par ce moyen que l'histoire des découvertes anatomiques, devient pour ses auditeurs un cours régulier et comptet des progrès graphiques de l'art, et une leçon de morale médicale.

Mais en diminuant l'aridité du sujet par quelques inductions de physiologie, PERROLLE ne fait encor que quelques préleçons. Son cours est un perfectionnement ou si l'on veut un électisme. Tous les médecins savent qu'en 1786, le roman se tranformait en histoire, sous la savanté dictée de l'expérimentateur Haller. Les hydroliciens subordonnaient le mouvement des fluides, à des forces propres; l'inflammation n'était plus une erreur de lieux. Nous préludions à la belle doctrine des propriétés vitales dont le solidisme ne renfermait plus les conditions absolues. La chimie ani-

male était arrêtée dans son domaine. Barthez perfectionnait
l'animisme ; et donnait simultanément des dogmes à la physiologie, des règles à la thérapeutique, et de nouveaux fon-
dements à l'art de connaître et de guérir les maladies. Doué
d'une vigueur de tête, et d'une force d'analyse peu com-
munes, PERROLLE groupant ainsi, le principe, les propriétés et les circonstances de l'action vitale, compose pour
ses disciples une physiologie éclectique.

Il manquait à l'illustration de PERROLLE une école de
clinique : il l'institua. Médecin de l'hôpital Saint-Jacques,
il professe au lit de douleur. Il confie à ses élèves des
malades dont il ne se reserve que la consultation. Il éclaire
par l'autopsie, les opinions qu'il avait émises et les prognostics
qu'il avait portés. Imitateur du morgagni Provençal, du cé-
lébre Lieutaud, il cherche la vie dans les tissus morts ;
et s'il n'y trouve pas toujours, ce que les yeux de linx y
découvrent aujourd'hui, c'est que l'état cadavérique n'est
pas toujours la déduction rigoureuse de l'état morbide. Si
nous devons blamer Lieutaud, d'avoir contrarié Vicq-d'Azir
dans la fondation projelée de l'academie de médecine, nous
devons admirer PERROLLE, d'avoir le premier en France,
établi une école clinique. Qu'elle gloire et qu'elle modestie !
Pendant que des disciples entousiastes, donnent aux savants
Fouquet, Baumes, et Corvisart le titre de premiers ins-
tituteurs de clinique, PERROLLE ne revendique pas sa prio-
rité. Ce silence est un beau caractère, il est sublime !

C'est au sein du calme, parmi les douceurs de la méditation peut-être sous les illusions de l'espérance, que
PERROLLE jouissant de toute sa renommée atteignait à la
maturité de l'âge, à la perfection de son être pensant. Il
touchait à sa quarantième année.

La révolution française, qui devait, en raison, en morale et en politique, être le triomphe des capacités, de la

tolérance, des lois appliquées aux mœurs ; la révolution, dis-je, perdait ses caractères. Fille de la justice et de la philosophie, elle n'était plus cette adoption générale que le privilège seul devait repousser, que l'ignorance pouvait ne point accueillir. Elle était dans des mains tyranniques l'arme d'un parti oppresseur. Un bon esprit pouvait prévoir que bientôt des Français, prêteraient l'oreille au grotesque phébus, en imitant les tons de la lie populacière ; et qu'ils se prosterneraient devant un arbre transformé en emblème, ou devant une prostituée habillée en déesse. Hélas ! ce fleuve majestueux et fertilisateur, qui devait répandre jusques au pied du hameau l'abondance et la fécondation, allait se transformer en torrents dévastateurs, qui entoureraient la chaumière même de débris et de ruines. Une conspiration inouïe contre la fortune, la science et les mœurs, profanait ce gouvernement aujourd'hui idéal, qui dans les temps anciens dut sa persistance à l'union des vertus avec la science, à l'alliance de la liberté avec le respect des saintes lois. PERROLLE, savant et nourri dans les mœurs, pressentait le sort des gens de bien, et ne s'abusait pas sur la destinée des gens d'étude. Telles furent ses prévisions, sans doute, lorsque couverts par les cris de la montagne en délire, étouffés par les vociférations de quelques hommes de sang, les accents énergiques et males des vertueux Girondins, ne furent plus qu'un murmure prolongé, douloureux et sombre, qui vint s'éteindre enfin aux pieds de l'échafaud. Les universités étaient abolies, les chaires étaient brisées, le savoir était un crime ; PERROLLE choisit ce moment pour retourner à Grasse, avec l'intention d'y consacrer à la santé de ses concitoyens, des talents qu'ils respecteront dans leur propre intérêt.

Riche de son génie, de ses études et de ses succès, PERROLLE se recueille, observe et médite. Il se place par la pensée, sur un point culminant d'où il puisse saisir l'aspect des lieux, et distinguer leurs rapports avec les maladies qu'ils influencent. Son opinion doit être validée par des faits particuliers et par l'histoire des maladies populaires. PERROLLE se livre à cette recherche. Peu à peu et par des gradations bien mesurées ; il descend jusques à l'étude des prédispositions héréditaires, des maladies de famille, des nuances individuelles. Parvenu à ce point, et remontant de l'individu aux maladies générales, il s'assure de la justesse de ses observations. Alors il se présente avec assurance à l'attention publique. Il va devenir le médecin d'une vaste banlieue.

Peu d'arrondissements ont un aspect medical aussi varié que celui où PERROLLE se trouve : une ligne tracée de la Napoule aux confins de Mons, traverserait des influences paludeuses qui réclament la méditation tonico-évacuante. Du point d'arrivée au contact des Basses-Alpes, se trouve une ligne figurée, sur laquelle des inflammations fréquentes nécessitent la médecine gommo-hyrudinaire. Enfin des bords français du Var au littoral, et de celui-ci au point du départ, l'observateur trouve un complication et un conflit de causes morbifiques qui exposeraient aux revers et le médecin exclusif qui assujettirait ses clients à une méthode unique, et le médecin inattentif qui dans le calcul des causes ne discernerait pas la plus active et la plus influente. De là naquit l'éclectisme-pratique, auquel PERROLLE devra un jour des succès non interrompus.

Quelles notions présideront à son éclectisme ? Il prendra dans les constitutions qui ont illustré Sydenhaam, Stoll, Baillou, Piquers et Sarconne, les dogmes de la médecine évacuante, pour les appliquer aux pays palustres ; mais il n'étendra pas sa méthode jusques aux localités où les phlegmasies sont fréquentes et comme pandémiques. Il guérira la peripneumonie par l'émétique à Pégomas, par la lancette à Séranon, par une méthode mixte dans les points inter-médiaires. Mais ici comme là, il arrêtera la fièvre inter-mittente ou la pernicieuse, après avoir fait précéder le remède héroïque par l'émétique en pays palustres, par la saignée en pays du nord, et par quelques calmants chez tous les sujets éminemment irritables. Les praticiens qui ont consulté avec PERROLLE, savent tous que ce bon esprit ne classait les fièvres que par la continuité ou par l'intermittence. Or les types renfermaient à ses yeux la nature de la fièvre; et la rémittence seule indiquait une complication. PERROLLE repoussera-t-il la doctrine des altérations humorales? non, sans doute; car le vice scrophuleux qui s'exprime si souvent à Grasse, par la phtisie des jeunes, l'apoplexie des vieux, la claudication et les difformités de tous les âges; le vice dartreux qui s'y transforme fréquemment en érithèmes, en pustules, en ulcères profonds; toutes ces irritations limphatiques qui surprennent, en l'affligeant, un observateur exercé, ne permettent pas à PERROLLE d'admettre exclusivement une irritabilité ambulante qui produit suivant son caprice, des irritations glandulaires, osseuses membraneuees, ou cérébrales. Mais un esprit juste et la rectitude désigneront au praticien de Grasse la simultaneité, la coïncidence, des altérations des humeurs, avec une mutation accidentelle dans les forces vitales du solide vivant. Dès-lors il prescrira le quinquina, les martiaux ou les bains de mer, ainsi que les purgatifs, les fondants et les vésicatoires. Son génie ordonnera leur alternat, leur succession ou leur continuité. C'est ainsi que PERROLLE approuvera dans chaque système ce qu'il y a de positif; méditera sur ce qui lui semblera spécieux; repoussera ce qui sera trop exclusif. Il n'emploiera qu'avec une réserve savante, les moyens nouveaux qui quelquefois heroïques, peuvent devenir dangereux.

L'homme aux succès, le médecin aux diagnosties certains, le praticien au prognostic confirmé, adopterait-il sans examen, les définitions de Pinel, les tables de Brown, le pittoresque langage de Broussais ? non : il étudiera tout avec zèle ; réfléchira sur-tout avec attention ; ne repoussera rien avec morgue. Penseur il attendra le conseil du temps, l'arrêt des résultats, et le sceau de l'expérience. Qu'importe à celui qui ne veut ni tromper par les paroles, ni séduire par un jargon, qu'au terme nouveau en remplace un autre, quand l'idée que le mot représente, est invariable dans le code de la nature ? Eh ! ce livre est si profond, nous avons si peu de temps à y lire, qu'il est déplorable, d'y trouver chaque jour des interlignes en langues nouvelles ! Qu'importe en effet que nous nommions meningo-gastrique, adéno-meningée, adéno-nerveuse, ce que PERROLLE appellera fièvre bilieuse, muqueuse, ou pestilentielle ? il n'oubliera jamais qu'il faut un émétique, un purgatif, ou du quina camphré, contre les glaires, la bile ou la peste. Il importe et il importe beaucoup de savoir que la plupart des fièvres malignes ont leur siège dans le bas-ventre ; où on les attaque avec succès par des sangsues, par des lavements, et par l'éloignement de tout agent excitateur, ou diffusible. Gloire à Broussais pour avoir signalé de trop fréquentes méprises ! mais Hypocrates avait guéri des fièvres malignes par l'hydromel, par l'aqua-mulsa, et par l'hidro-gala : pourquoi accuserait-on PERROLLE d'avoir toujours adoré son dieu ; lorsqu'il rendait justice au génie d'un de ses ministres. On peut soupconner plus fréquemment aujourd'hui, des gastro-céphalites ; mais il y a plus de danger à les voir à chaque pas, qu'il n'y en avait jadis à ne les trouver qu'à de grandes distances. Depuis la naissance de l'art ( et Arétée de Capadoce est notre preuve ), la pression douloureuse de l'abdomen annonce une inflammation des organes sous-jacents, et la pression sans douleur annonce une névrose. De là naissent deux indications quelquefois contrad ctoires. Il est poétique sans doute d'appeler *cris*, *accents*, *murmures* d'organes malades, ce que nous appelions infl mmation et douleur. Mais il est bien autrement sérieux et grave de ne pas confondre la nécessité des sangsues, avec celle de l'opium, des absorbants et des toniques. Il est bien plus important de savoir où la sanguisugie doit s'arrêter, où l'opium doit être ajourné, où les purgatifs doivent être rigoureusement proscrits. C'est dans le choix du moment pour agir, pour attendre, pour changer le plan et les moyens de curation, que le grand médecin se distingue. J'ai sous les yeux des consultations ou des récits de faits qui ne permettent pas de comparer beaucoup de médecins à PERROLLE. Un homme distingué que le patriotisme et ses talents ont long-temps investi de la confiance de nos Préfets, n'aura pas oublié que PERROLLE traitant sa parente, d'une affection du bas-ventre, annonça huit jours à l'avance *l'heure de la mort*, sous les apparences d'une convalescence trompeuse !

Pendant que PERROLLE envahit et qu'il s'approprie ses conquètes, la plus heureuse des découvertes, la vaccine paraît et se recommande aux patriciens distingués. L'œuvre de Jenner, tout en assurant à l'amour ses attraits, à la beauté son empire, à la maternité ses vives jouissances, laissait encore du scrupule ou des doutes. On admettait la faculté préservative de la vaccine ; mais on lui imputait des résultats dangereux. On accueillait des faits récents ; mais on réclamait la sanction de l'avenir. On formait des objections, on proposait des difficultés. PERROLLE a le sentiment de son influence. Il l'emploit toute entière à la propagation d'une découverte utile : il devient vaccinateur. Dès cet instant les difficultés sont applanies et les objections disparaissent

La vaccine popuralisée, est un nouveau titre de PERROLLÉ à la gratitude et au respect de ses concitoyens.

Mais hélas ! Cette belle carrière parcourue avec tant d'assurance, éclairée par des réflexions si justes, va être interceptée. Elle sera suspendue pendant longues années, cette marche rapide qu'un beau talent poursuivait avec tant d'avantages ! PERROLLE cédant à des preventions que le respect nous défend d'apprécier, séduit peut-être par cet interêt matériel qui fait si souvent illusion, PERROLLE ne voit plus que des ennemis, chez ceux que le sang et les lois lui donnaient pour consolateurs et pour amis sincères. Son frère devient pour lui un être dangereux dont il doit redouter les rapports et craindre les manœuvres. Il s'isole, il s'enferme, il interrompt toute relation médicale avec ses clients. Il se condamne à une solitude absolue, qui pouvait n'être pas sans charmes pour un homme habitué à vivre avec les savants de tous les âges.

Nouveau Démocrite, PERROLLE applique une raison supérieure à la solution d'un problême de haute physique ; il n'aura donc pas besoin d'ellébore : car son traité d'accoustique mis en ordre pendant sa solitude, déposera sans cesse, contre une aliénation mentale. Un extrait de ce grand ouvrage imprimé sous forme de *mémoire*, *sur des vibrations des surfaces élastiques*, est la preuve irrécusable d'une force, d'une vigueur de tête qui repousse tout soupçon de demence. Car en effet, qu'a fait PERROLLE dans ce mémoire publié en 1825 ?

Il veut prouver que le mouvement est un mode des corps et non un être réel ; que ce mouvement cherche à l'équilibrer suivant des lois que ne font que modifier des obstacles d'équilibre. Voilà bien le fameux problême de Sauveur réduit à l'expression la plus claire et la plus simple.

Comment PERROLLE aborde-t-il ce problême ? il prouve

une analogie entre la capacité des corps à la caloricité, et leur aptitude à l'équilibre des mouvements. Cette donnée étant établie , il modifie avec exactitude les opinions relatives de 'd'Alembert et de Descartes ; il forme ses déductions d'après les théories de Laplace et de Hawy ; il cherche des rapports entre les expériences que Sauveur avait faites à l'académie, et l'exposition rationnelle du problême par Vallis ; il perfectionne les expériences en les conciliant aux opinions de Rameau sur l'harmonique des vibrations sonores ; il expérimente les progressions notées sur les cordes tendues sans obstacles ou interceptées par des chevalets ; il s'exerce sur les surfaces recouvertes d'une poussière tenue ; il deduit enfin de ce travail délicat un principe fécond : *le mouvement est un mode qui tend a l'équilibre....* Bertholet dans sa statique recherchant les lois , les conditions , les circonstances de l'action chimique , procéde-t-il avec plus de scrupule, plus de précision et plus de justesse que PERROLLE cherchant les lois du mouvement qui doit s'équilibrer ?.. en lisant les scolies 67 , 71 , 72 , 73 , du mémoire de PERROLLE, l'analogie que je signale , et la comparaison que je veux susciter , frapperont tous les hommes qui savent être attentifs. Et voilà l'homme dont on oserait accuser la raison , si l'on méditait d'affaiblir ses droits à une confiance non interrompue et toujours bien justement acquise !

A l'époque à peu-près ou PERROLLE publie son mémoire , il reparaît sur l'horizon médical. Accueilli avec égards, il y reprend l'ascendant du savoir : quelques cures qui tiennent du prodige, raniment l'espoir de ses anciens clients. Nouveau Boerhaave , il fait cesser par la dépilation ou par une expectation plus que savante, les phénomènes-prodomes d'une apoplexie , chez une dame à l'âge de retour. Cependant PERROLLE touche au terme que le destin avait assigné à sa vie terrestre. S'il fait des efforts , malgré son grand âge , pour répondre à la confiance publique, c'est pour ouvrir la scène à un jeune docteur, auquel il doit servir de régulateur, de soutien et de père.

PERROLLE âgé de 79 ans, sans infirmités bien notables, puisqu'il était nerveux et de formes graciles, avait à remplir les devoirs de la sainte amitié, et les obligations d'une loi prévoyante. Le 3 juillet au matin, il fut mandé par un intime ami, qu'un coup de foudre venait de renverser; frappé de terreur à la vue d'un cadavre qui, hier encore, était un ami tendre, PERROLLE sentit se relacher dans son cœur tous les liens de la vie. Une révolution dans des traits naturellement très-mobiles, exprima l'angoisse d'une âme saisie. PERROLLE pressent, et prédit la catastrophe qui le ménace; il conserve néammoins sa raison, à travers une loquacité inusitée. Dans la journée il se rend au collège électoral, pour investir de sa confiance l'homme probe, le citoyen instruit que des concitoyens éclairés ont appelé à l'exercice de leur souveraineté législative. Tout-à-coup une affection cérébrale, une hémorragie peut-être, des couches optiques, du corps calleux, ou de l'hémisphère gauche menace une utile existence, en paralysant le palpébral supérieur, et en parésiant une moitié latterale du corps. Grand médecin jusques dans ses intuitions, PERROLLE comprend que son organisation ne réagira pas contre la violence de l'attaque. Il répond à des amis alarmés qui l'interrogent : *J'ai 25 ans de trop.* Porté chez lui et placé dans son lit de mort, PERROLLE reçoit des soins empressés. Pendant quelques jours, ses organes relachés ouvrent lentement l'issue à son ame. Combien son cœur devait se briser avec douleur, ou palpiter avec angoisse, lorsque entouré de parents affectueux, il n'entendait pas la voix d'un autre Perrolle ! Souvenirs d'un bon frère caressé si long-temps sous les yeux d'un père attendri, vous deviez être bien amers pour PER-

ROLLE mourant ! hélas ! il ne pressait pas la main des enfants de son frère ; il n'aspirait pas leur haleine ; ses yeux ne s'éteignirent pas sur les leurs ! oh ! que les horreurs de la mort eussent été moindres pour lui , si en entrant dans la voie qui conduit vers le Dieu qui pardonne , il avait pu dire à tous ses neveux sanglotants : *mes enfants, je vais vous attendre dans la patrie des justes , où vous me trouverez sur le sein de mon Dieu , et dans les bras de vos ancêtres.*

Malgré tous les secours d'une médecine active et savante, le 10 juillet 1831 , l'ex-professeur Etienne PERROLLE expira après quelques instants d'agonie , entouré de collègues instruits qui pourront dire chaque jour avec Horace : *Cecidit flebilis omnibus sed nullis flebilior quam nobis.*

## FIN.